www.ingramcontent.com/pod-product-compliance
Lightning Source LLC
Chambersburg PA
CBHW032102280526
45784CB00013B/2953
9781092799263